好かれる人が無意識にしている文章の書き方

誰でもできて、すぐ効果が出る53のポイント

中谷彰宏
AKIHIRO NAKATANI

すばる舎リンケージ

文章には、
書く人の優しさも
冷たさも出てしまう。
書いて失敗して
人は優しくなれる。

中谷彰宏

あきひろ

この本は、3人のために書きました。

①送ったメールに、返事が来ない人。

②そんなつもりで書いたわけではないのに、叱られた人。

③文章で、チャンスをつかみたい人。

まえがき

01 上手な文章でも、感じの悪い文章がある。

いい文章には2通りあります。
①読んで面白い文章です。
②読んで好かれる文章です。
つい「どうしたらみんなに読んでもらえるようになるか」と考えます。

「どうしたら面白いと言ってもらえるような文章になるか」というところに興味がいきます。

文章の書き方の本も、多くが「どうしたら上手な文章が書けるか」というテーマで書かれています。

上手な文章を書くことが求められるのは、文章のプロだけです。

好かれる文章は全員が求められています。

プロの作家も含めて、上手な文章を書くより、文章で嫌われないことの方がもっと大切です。

文章で嫌われたら、どんなに上手な文章を書いてもゲームオーバーです。

みんな忙しいので、直接話すより、ネット上での文章のコミュニケーションが多くなっています。

なぜか好きになれない人がいたとしたら、その人のことが嫌いなのではなくて、その人の書く文章が嫌いなのです。

「その人の書く文章が嫌い」→「その人に会った時に苦手意識が出る」→「ますますその人の書く文章が嫌いになる」という負のスパイラルに入っていくのです。

みんなとうまくつきあっていきたいと思っても、嫌われる文章を書いている限り、

「嫌い」を増幅させるだけです。

まずは嫌われない文章を書くことが大切なのです。

好かれる文章を書くために

01

嫌われない文章を書こう。

好かれる文章を書く53の方法

1 嫌われない文章を書こう。

2 文章でチャンスを逃していることに気づこう。

3 お礼状で嫌われない。

4 過去形より、現在形で書こう。

5 「難しい」より、「歯ごたえがある」と書こう。

6 物理的より、感情的に書こう。

7 決まり文句を書かない。

8 文章で、崩さない。

9 「それ」は、具体的に言い換えよう。

10 「彼」より、「○○さん」と書こう。

11 敬語を入れすぎない。

12 手紙は、短く書こう。

13 行が変わる前に、「。」を打つ。

14 ムダな言葉を使わない。

15 書くなら、断定しよう。

16 「感動・感激・感謝」を乱発しない。

17 書くために体験しに行かない。

18 できていないことを、書こうとしない。

19 自分の書き方が、抽象的であることに気づこう。

20 会話から、書き出さない。

21 自分のためより、読み手のために書く。

22 書かないテーマを決めよう。
23 もったいぶった言い回しをしていることに気づこう。
24 上から目線の文章になっていることに気づこう。
25 「私」を主役にしない。
26 「長文ですので、お時間のある時に」より、長文を送らない。
27 強調語を使わない。
28 プロフィールは、事実のみを書こう。
29 書いた文章を、読み返そう。
30 笑いに毒を入れない。
31 ブログで、売り込まない。
32 メリットより、解決策を書こう。

33 アドバイスは、相手が頑張っていることを前提に書こう。

34 「これならできそう」という簡単な解決策を書こう。

35 自慢話を1行も書かない。

36 「ぜひ」は、使わない。

37 悪を、書かない。

38 「良いA」から「良いBへ」と書こう。

39 1人にしか使えない文章を書こう。

40 アンケートは、お客様に自由に書いてもらおう。

41 言い訳を書かない。

42 怒っていることを、箇条書きで書かない。

43 質問と説明を分けよう。

44 「どういう意味ですか」と聞かない。
45 他人の発言を、書かない。
46 誰だかわかる時も、本人が読むことを想定しよう。
47 読み手に解決策を提示しよう。
48 読み手より、傷つきやすい人になろう。
49 文字で、ケンカしない。
50 言葉で、表現しよう。
51 不快メールを書いていることに、気づこう。
52 自分の書いたもので、自分が嫌われる想像力を持とう。
53 失敗しながら、優しくなろう。

好かれる人が無意識にしている文章の書き方　目次

第2章

考えより、リアルを書く。

第3章 盛るより、シンプルに書く。

第4章 売り込むより、役立つことを書く。

第5章 ウケる文章より、信頼される文章を書く。

［あとがき］

カバー写真
©Gpointstudio/Cultura/Image Source RF/amanaimages

ブックデザイン
大橋浩二

第1章

「過去形」より、「現在形」で書く。

02

文章で、好きになる人がいる。文章で、嫌いになる人がいる。

文章で、好きになったり嫌いになったりすることがあります。

仕事でもプライベートでも、最初の接点がネット上から生まれることが普通になっています。

人と出会う前の文章のやりとりで好きになってもらえると、会った時にはすでに勝負がついています。

文章で「ちょっと、この人は……」と思われたら、会った時にどんなに第一印象を良くしようと頑張っても、逆転できなくなります。

会う機会も、得られなくなるのです。

そのぐらい文章は人の好き嫌いを決める大きな要素です。
たいていの人は、見た目とか立ち居ふるまいを気にしています。
人に好かれる文章を書かないと、チャンスを逃すのです。
チャンスを逃す人は、見た目の問題とか立ち居ふるまいのせいだと勘違いしています。
まずは、文章でチャンスを逃していることに「気づくこと」が大切なのです。

好かれる文章を書くために

02

文章でチャンスを逃していることに気づこう。

03

嫌われる文章を書いている人に、悪意はない。

「自分はプロの作家ではないので、本なんて一生書かないし、ブログもやっていないから文章が下手でも関係ないです」と言う人がいます。

関係ないことはありません。

自分の文章に無頓着な人は、読み手の気持ちをさかなでします。

たとえば、知り合いにおいしいお店に連れて行ってもらったら、作家でなくても、誰でもお礼状を書きます。

この時、「連れて行ってもらったレストランが、ちょうどすいていてよかったです」というお礼状を送ったらどうでしょう。

読み手は「すいていて、よかったって……（すいている店に連れて行って悪かったね）」と、嫌な気持ちになります。

書いた本人は、まったく悪意がありません。

悪意なく嫌われる文章を書いているのです。

お店の人にそのお礼状を送ったら、「すいている店で悪かったな」と、ムッとされるのは当然です。


文章で好かれる人は、「静かなお店に連れて行っていただいて、ありがとうございます。ゆっくりお話ができました」と書いています。

「すいている」と「静か」は、言っていることは同じでも、相手に伝わる印象は全然違います。

「落ち着いたお店」も好かれます。

「大人のお店」でも好かれます。

文章で好かれるか嫌われるかの境目は、こういうことです。

文章で嫌われる人は、言葉に対する感受性が鈍感です。

「すいている」と言われた人が、どんなにせつない気持ちになるか、わからないのです。

好かれる文章を書くために

03

お礼状で嫌われない。

04

「ありがとうございました」より、「ありがとうございます」と書く人が好かれる。

お世話になった人には、「今日はありがとうございました」よりも「ありがとうございます」と書いた方が好感を持たれます。

「ありがとうございました」は、冷たい言い方です。

ここでいったん、関係が終わるような感じを与えてしまいます。

「今日はごちそうになりました。ありがとうございます」と言う方が、次の機会がある感じがするのです。

好かれる文章は、過去形ではなく、現在形で書かれています。

ふだんから過去形で書いている人は、そのことになんの違和感もありません。

好かれる文章は、「現在形」で書かれている。

これからも関係が続いていくイメージ

お礼	賞賛
× ありがとうございました。	× 面白かったです。
◎ **ありがとうございます。**	◎ **面白いです。**

お詫び	抗議
× 申し訳ございませんでした。	× 傷つきました。
◎ **申し訳ございません。**	◎ **傷つきます。**

100人のうち99人が「ありがとうございました」と書いています。

ということは、**「ありがとうございます」と現在形で書くだけで、100人の中から1人に抜け出るのです。**

お詫びをするときも、「申しわけございませんでした」ではなく、「申しわけございません」と書くようにします。

「申し訳ございませんでした」は、すでに過去の出来事になっています。

まだ相手の中では終わっていません。

「申し訳ございません」と現在形で書くことです。

本を送ってもらって、お礼状に「面

白かったです」と書くと、終わった関係になります。
「もう満足した」という印象を相手に与えるからです。
ここは「面白いです」と書いた方がいいのです。
「また読みたい」というニュアンスになります。
人間の心理は、好きな人に対しては、より近く感じるから現在形になります。
嫌いな人とは離れたいので、過去形になるのです。

好かれる文章を書くために

04

過去形より、現在形で書こう。

05
「わからない」より「深い」と書く。

たったひと言で、読み手に親しみを持ってもらうこともできます。

たとえば、Aさんから「頑張ります」というお礼状が来ました。

1通だけなら差はつきません。

もう1通、Bさんから「先生を見習います」というお礼状が来た時に、好かれるのはBさんの方です。

どんなにたくさん「頑張ります」というお礼状が来ても、1通の「見習います」が上回るのです。

AさんとBさんは同じように頑張っています。

それなのに、なぜかAさんが嫌われて、Bさんが好かれます。

理由は簡単です。

Bさんが書いた文章は先生に関係があるからです。

読み手は、自分に関係がある文章の方が読みます。

読み手との距離が近いほど、伝わる文章になるのです。

逆に、自分ではよかれと思ったひと言で嫌われることもあります。

お刺身をごちそうになった時に、「かたくておいしかったです」と言うのは感じが悪いです。

たしかに、「おいしかった」とは言っているし、いいお刺身はフニャフニャではありません。

この時、「かたくておいしい」を「歯ごたえがあっておいしい」に言い換えるだけで好かれるのです。

「その言葉は私だって知っています」と言いますが、その言葉を選択していなければ意味がありません。

「上司のお話はレベルが高くて、わからなかったけど、それなりに面白かったです」というのも、「わからない」と言ってしまっています。

「わからない」というのは上司の説明が下手だということです。

「それなりに」というのも、上から目線で上司を評価しています。

「わからない」を「深い」と言えるかどうかです。

「それなりに」を「自分なりに」に言い換えることです。

「私はそのつもりで言っています」の「そのつもり」が、嫌われる人の根本的な間違いです。

好かれる文章を書くために

05

「難しい」より、「歯ごたえがある」と書こう。

06

「また行きます」より、「また来ます」の方が愛される。

「また行きます」と「また来ます」とでは、「また来ます」の方が、より相手側の立場に立っているので感じが良くなります。

レストランへのお礼状も、「おいしかったです。ごちそうさまでした」で終わる人と「おいしかったです。また来ます」と書く人とで分かれます。

「また来ます」と書いた人は「ごちそうさまでした」が抜けています。

それでも、「また来ます」の方が、お店としてはうれしいのです。

俳句の推敲も、まったく同じです。

ある人が、お墓参りに行った時に、ホタルが帯から動かなかったという俳句をつくりました。
これは、本来は「離れなかった」です。
「動かなかった」と詠む人は、ホタルが嫌いで、ホタルに敵意を感じています。
「離れなかった」と詠む人は、ホタルはご先祖の生まれ変わりだと感じています。
これが感性です。
文章には、その人の感受性がすべて出ます。
物体と物体なら同じです。
その中に感情が入った時に、初めて文章が変わってくるのです。
嫌われる人は、「物理的には同じことを言っている」と言ってしまいます。
文章を物理的に書く人が嫌われて、感情的に書く人が好かれるのです。

好かれる
文章を書く
ために

06

物理的より、感情的に書こう。

07 「今後のご発展をお祈りします」と書かれると、もう会う意思がないと判断される。

文章の末尾に「今後のご発展をお祈りします」と書いてあると、ガッカリします。

書いている側は、悪意はないし、礼儀正しい文章です。

お手紙の手本文として、最後にこう書きましょうと書いてあります。

たとえば、編集者に企画を出した時に、「私の一存では決められないので、次の企画会議にかけます。先生におかれましては今後のご発展をお祈りします」という返事が来たとします。

これは「今後、あなたとはかかわりあいたくない」という印象になります。

決まり文句は危ないのです。

好かれる
文章を書く
ために

07

決まり文句を書かない。

就職活動で不採用の時の「お祈りしますメール」と同じです。

決まり文句のご挨拶は、「あなたとは距離をあけますよ」という印象を相手に与えて嫌われます。

せっかく近づこうと思ってくれた人を、はじき返すことになるのです。

08

書き言葉の言葉遣いの悪さは、話し言葉より、嫌われる。

言葉遣いのくだけ具合によっても嫌われることがあります。

フレンドリーにするために、言葉遣いを崩す時があります。

口頭で話している時に「ヤベえ」「うざい」「ひでぇ」と言うのは、それほどきつく感じません。

話し言葉は、崩した言葉を言う時に、自動的にその言葉を和らげるニュアンスを音声でまぜているのです。

書き言葉は、そのニュアンスが入りません。

書き言葉で崩すと、ニュアンスが入らない分だけ、汚い言葉になります。

「書き言葉」のほうが、その人の本性と感じる。

✕	◎
話し方は丁寧だが、書き方はくだけている	**話し方はくだけているが、書き方は丁寧**
⇩	⇩
「裏がある人」という印象	「きちんとした人」という印象

話し言葉では平気だからと思って書いてしまうと、読んだ側は強烈に感じます。

これで嫌われるのです。

書き手は、相手と距離感を詰めようと思ってフレンドリーに崩しているだけです。

それなのに文章に書くと、かなり汚い言葉になってしまうのです。

文章で崩すことはやめることです。

好かれる人は、ふだん話している時にフレンドリーに崩して、メールではきちんとした言葉になるので、「あの人は実はちゃんとした人なんだな」と思われます。

話し言葉と書き言葉が違った時、相手は書き言葉をホンネと受けとります。

ふだんは丁寧なものの言い方で、書き言葉で崩してくると、その人の裏を見たと感じます。

ふだんはフレンドリーな話し方で崩していても、メールはきちんとした文章で来ると、「あの人はちゃんとした人なんだな」と、印象が良くなるのです。

好かれる文章を書くために

08

文章で、崩さない。

09

「それ」「そんな」は、好感度を下げる。

「それ」「そんな」「あれ」「あんな」が使われている文章は嫌われます。
言葉に愛情が感じられないからです。
文章では、常に具体物で取り上げることです。
「中谷さん」と「あの人」とでは、感じがまったく違うのです。
たとえば、「あんなことがあった」と書きました。
「あんなこと」という表現は、すでに良くないことをあらわしています。
いいことの時に「あんなこと」とは言わないからです。
「あんな服」では、ほめていません。

好かれる文章を書くために

09

「それ」は、具体的に言い換えよう。

指示代名詞は、けなす時に使われる言葉になってしまうのです。

たとえ反復を避けるために使っていても、嫌な印象になります。

「あの服」もNGです。

「この服」と「あの服」とでは、「あの服」は距離を遠ざけているのでマイナスになります。

「あれ頂戴」よりは「これ頂戴」の方が愛があります。

好かれるのは、具体的な名称を入れることです。

指示代名詞に置きかえている文章は、感じが悪いのです。

10

「彼」「彼女」「あなた」は、上から目線になる。

日本語には、英語の「ｈｅ」「ｓｈｅ」「ｙｏｕ」という表現はあまり出てきません。
そもそも主語がないのです。
たとえば、本の中に「○○さん」という名前が出てきます。
主語をはっきりさせるために、またしばらくして「○○さん」が出てきます。
これがうるさく感じるからと、つい「彼」と書き直してしまいます。
「目上の人を『彼』ってどうなの」と思います。
ここは反復して名前を書いた方がいいのです。
理由は２つです。

1つは、「彼」「彼女」は上から目線の言葉だからです。

英語は上下がないから関係ありません。

日本語でも、上司が部下に対して「彼は優秀で」と言うのはいいのです。

部下が上司に向かって「彼は」と言うのは、ありえません。

固有名詞は「彼」「彼女」「あなた」と置きかえないようにします。

目の前で「あなた」と言うのはまだいいですが、文章の中で「あなた」と使うと、見下し感が出るのです。


もう1つの理由は、**名前を呼んでもらう方が読み手はうれしいのです。**

これは会話と同じです。

「彼は」と言われると、冷たく扱われている感じがします。

「彼」「彼女」「あなた」という言葉を使う人は嫌われるのです。

「あなたは○○ですか」の「あなた」は省略して、「○○ですか」でいいのです。

「あなたは○○ですか」と言われた瞬間に、少し上から目線か、叱られている感じがするのです。

好かれる文章を書くために

10

「彼」より、「○○さん」と書こう。

11 文章の敬語は、わかりにくい。

相手に嫌われないために、失礼のない文章の書き方のアドバイスとして、敬語の本もたくさんあります。

敬語の本が悪いわけではありません。

文章を書く時の、敬語の使い方の問題です。

敬語があまりにも多い文章は、読んでいると感じ悪いです。

読みにくいのです。

口頭で話す時は、敬語はそんなに感じ悪くありません。

結婚式のスピーチで、司会者が紹介する時に「ご」「お」がたくさん入るのはなんの抵抗もないのです。

耳で聞く言葉だからです。

目の前の文章に敬語がたくさん入っていると、読みづらいです。

感じ悪くしないためには、最初と最後だけきちんと丁寧に書いておきます。

そうすれば、目上の人に書く文書で真ん中はフラットに書いても、雑な人には感じられないのです。

たとえば、方言のお芝居があります。

西郷隆盛を主人公にした物語なら鹿児島弁で始まります。

これを書くコツは、冒頭だけ鹿児島弁を少し出すことです。

あとは標準語でも、ずっと鹿児島弁で話しているような気になるのです。

演技をする俳優は、そうしています。

全編鹿児島弁で書かれると、読みにくいです。

冒頭、きつめの鹿児島弁で話すと、みんなが「鹿児島だ」とわかります。

その後は標準語で話しても、鹿児島弁でずっと話しているような錯覚を持つのです。

敬語も同じです。
冒頭で丁寧に入っておけば、あとは普通になっても大丈夫です。
すべて敬語で書かれると、うるさく感じます。
むしろ慇懃無礼で裏を感じたり、バカにしているような文章になってしまうのです。

好かれる
文章を書く
ために

11

敬語を入れすぎない。

12

手紙は、短い方が、急いで書いてくれたうれしさがある。

手紙を書く場合は、便箋より、はがきの方がいいです。

はがきは、相手と自分の名前を書くと、本文は1~2行しかありません。

短い方が、ホンネなのです。

手紙は長いという印象がありますが、**文章を短くすることで、読み手のイメージが膨らみます。**

ほとんどが定型の文章であの長さを保っているのです。

便箋を2枚埋めようと思うと、定型文を混ぜないと書けません。

時候の挨拶と締めの言葉を書くのは、手紙のマナーとしては正しいです。

好かれる文章を書くために

12 手紙は、短く書こう。

好かれる文章はマナーとはまた別のところにあります。

どんなにマナー通り書かれていても、定型文だけでなんの個人の思いも入っていないものでは、好かれる文章にはなりません。

だからこそ、短く書くことが大切なのです。

13

「。」のなかなか来ない文章は、イライラさせる。

感じのいい文章は、ひと言で終わるか、短いです。
読者は句点を待っているのです。
行が変わっても、なかなか句点が出て来ないとイライラします。
「まわりくどい。なんでこの人は言い切らないんだ」と、自信のなさを感じ始めます。
これは、延々話し続ける頑固ジジイの文章です。
文章は、行をまたがないという覚悟で書くことです。
川端康成の文章は短いです。
「。」がパシパシと短く来ます。

「。」をなかなか打てないのは、まわりの人に気を使いながら、日常生活や会社生活を送っているからです。

「Aだと思いますが、中には反論する人もいるとしても……」より、「Aだと思います。たしかに……」と書くことです。

「ここで言い切ると、あっちからもこっちからもクレームが来るかもしれない」というしがらみが「。」を打たせないのです。

その結果、まわりの顔色をうかがって書いている自信のなさが滲み出ます。

ドキドキ感のある落ちつきのなさを読み手は感じ取ってしまうのです。

好かれる文章を書くために

13

行が変わる前に、「。」を打つ。

第2章

考えより、リアルを書く。

14

「きっと…でしょう」ではなく、「…です」と言い切る。

婉曲表現の「きっと○○でしょう」「○○するものです」は、どちらも「○○です」と書きます。

「○○というのは」は、「○○は」と書きます。

「なぜなら」も文章の中にいりません。

小学校の作文の書き方では、『「なぜなら」を入れなさい』と教わります。

きちんと論理的につくった文章に理由が出ていれば、「なぜなら」は入れなくてもわかります。

「なぜなら」と書く時に、後ろに理由が来ないことが多いのです。

それは文章として間違っています。
「なぜなら」を合いの手で使うのはＮＧです。
「世の中に」も、文章の中にはいりません。
世の中のことしか書いていないからです。
「○○的」は、「○○です」と書きます。
「○○的」は、「○○みたいな」という表現として若者たちが使い始めました。
「私的には」も同じです。
しがらみで気を使って、「○○的」と婉曲表現を使うのはいいのです。
「ランチ的なものを食べましょう」は、「ランチを食べましょう」と書きます。
「僕とおつきあい的なことをしましょう」では感じ悪いです。

メールでよくあるのは、
「私も中谷さんみたいな作家になりたい」
「中谷さんみたいな仕事をしたい」

好かれる文章を書くために

14

ムダな言葉を使わない。

「中谷さんみたいに講演をしたい」

と書かれることです。

何をもって「みたいな」と言っているのかわかりません。

「みたいな」は、その人のことをよく知らない人が書いているのです。

その人のことをよく知っている人は「みたいな」を使いません。

どこかの部分だけを取り上げて「みたいな」と言うのは、相手に対して失礼な表現になるのです。

15 オブラートに包むのは、自分を守っている感じで嫌われる。

はっきり断定しない言い方は、読んでいる側からすると感じ悪いです。

会社の会議では、はっきり意見を言うのはNGです。

社内遊泳術として、オブラートにくるんで、どちらともとれるような言い方をします。

文章においては、人の顔色をうかがうような書き方をしていると、読み手は面白くありません。

書き手は、反論されることを覚悟で書くことです。

ブログを書き始めた人がまず最初にノイローゼになるのは、反論がドッと来た時です。
「エーッ。自分の意見に、もっとみんなが『いいね』と言ってくれると思ったのに」と、ビックリします。

名前を出して本を書いている人間に、反論はつきものです。

何か意見を書けば、「私は違うと思う」という意見は来ます。

全部が全部「素晴らしい」というコメントばかりではありません。

反論されることは当たり前なのです。

「意見を述べると反論が来る」というのは、表現の自由における受け入れなければならないワンセットのデメリットです。

ブログを書いて、「意見を言うのは言論の自由で、反論は受けたくない」と言うから、ストレスが生まれてしまうのです。

反論が来るのがイヤだからと、当たり障りのない中庸な意見を出すと、今度は誰も読んでくれなくなります。

読んだ人からは、「あっちにもこっちにもいい顔するイヤなヤツ」「どうせ意見言うなら、はっきり言えよ」と、文句のコメントを書かれます。

だからこそ、はっきりものを言う辛口のコメンテーターは好かれ、「これを誰かに言ってほしかった。痛快！」という意見を求められるのです。


文章は、常識的に正しいことを書く必要はありません。

その人が思っている正しいことの1つを書くことによって、正しいはたくさんあるんだなという多様性を世の中の人が知るために文章を書くのです。

「こんな考え方もあるんだよ」ということを書けばいいのです。

今、私が1000冊を超える本で書いていることは、常識的に正しいことではありません。

「こんな正しいことの1種類があるよ」と書いているだけです。

「正しい」を自分のかごにたくさん入れて、自分なりの正しいカクテルをつくればいいのです。

その材料を提供しているのが文章です。

「どちらが正しいんですか」という問題ではありません。

読んだ人が選べばいいという考え方は、多神教のアジアの宗教ではすんなり受け入れられるのに、突然文章になると一神教になってしまう人がいるのです。

書き手になった時は、断定して書くことです。

それが多神教です。

しょせん自分が書いているのは、独断と偏見です。

「こんな見方もあるよ」という1つの意見です。

読み手も書き手も、それを1つの材料にして「自分なりの正しいカクテルをつくる」という気持ちを持てばいいのです。

好かれる
文章を書く
ために

15

書くなら、断定しよう。

16

感情を全開にされると、読み手は引いてしまう。

文章は、理論だけではなく、喜怒哀楽の感情を書くものです。

感情全開では読み手が引いてしまいます。

文章の中で乱発しやすいのが、「感動・感激・感謝」です。

「凄い感動しました」「凄い感激しました」「すべてのものに私は感謝しています」という文章は多いのですが、その中身がありません。

ブログを毎日書いている人は、書くことがなくなると「感動・感激・感謝」を使います。

これを書いていると、スペースが埋まっているような気がするのです。

読み手からすると、「書くことないのに更新するなよ」と思います。

ブログに書く中身がないから、「感動の毎日」「感激の毎日」「感謝の毎日」と書くのです。


これさえ書いておけば、とりあえず否定する人はいません。


感動したことを、いかに「感動」という言葉を使わずに書くかで、読むに値する文章になるのです。

「おいしい」と言わないで食べたものの味を表現することに、グルメレポーターは命を賭けています。

「おいしい」しか言わないと、グルメレポーターとしては次に仕事が来なくなります。

「おいしい」だけでは、つくってくれた人に対して失礼です。

「感動・感激・感謝」をイージーに連発する人の文章は、私は好きになれません。

「愛してる」と同じです。

日本人は、「アイ・ラブ・ユー」と言う国民性ではありません。

「日本人にアイ・ラブ・ユーはないんだな」と外国人は思いがちですが、逆なのです。

関西人は、初日に「好き」と言います。

「好き」「メッチャ好き」「メチャクチャ好き」と、初日に3段階進みます。

関西人にとっては「メチャクチャ好き」が最高ランクです。

そのかわり「愛してる」は一生に1回言う言葉としてとってあります。

それぐらい「愛してる」という言葉は重いのです。

それに比べて、東京の人は「愛してる」を乱発します。

そのため「愛してる」はインフレで、価値が低いのです。


「感動・感激・感謝」を乱発する人は、この言葉を軽く使いすぎです。

本来は何か言い換える言葉があるのに、「感謝」という便利な言葉に全部置きかえているのです。

女子高生が、「なんでも『かわいい、かわいい』と言うな」と注意されるのと同じです。

別の言い方に言い換える労力を怠っているのです。

読み手からすると、「感動・感激・感謝」の乱発は、スタンプ化してポンポン打っているような軽い感じがして、好かれないのです。

好かれる文章を書くために

16

「感動・感激・感謝」を乱発しない。

17

体験したことは、書ける。書くために体験したことは、イヤらしくなる。

嫌味臭が出てくるのは、書くために体験しに行く人です。

これは主婦のキラキラブログです。

「三ツ星レストランに行ってきました」「シェフとツーショットで撮ってもらいました」と写真を載せて書く人は、いつもは行っていないことがわかります。

いつも行っている人は、お店で写真を撮りません。

常に行くところは、いつもの習慣なので、別にブログに書いたりすることではありません。

まじめなおじさんが、ビジネスの研究のためにテーマパークへ行きます。

そのレポートは、参考になりません。

勉強のために初めて行った場所だからです。

年間パスポートを持って毎日行っている人が、その魅力を詳細に書いているブログはたくさんあります。

その中で「初めて行ってきました。凄いです」というレポートを、なぜか得々と書く人がいます。

「皆さん、知っていますか」と書いても、知らなかったのは書いている本人だけです。

これが書くためにした体験です。


一番いいネタは、もっとほかにあるのです。

これはネタの選び方の問題です。

多くの人が何を書けばいいか迷っています。

嫌われる人は、**得意ではないことを書いているのです**。

その人にとって特別なことは、その人がシロウトなことです。

そのため、書いていることが浅いのです。

その人の特別ではない日常のことは、もっとほかにあるのです。

本人は「こんなの普通のことじゃないですか」と書きません。

書くための体験は、読み手にはすぐバレてしまいます。

「こんな日常のことを書いたら恥ずかしい」ということが、読み手から見ると価値があるというギャップがあるのです。

好かれる
文章を書く
ために

17

書くために体験しに行かない。

18 童貞が書いた官能小説は、バレる。

文章を書く人はみんな、恋愛物を書きたいと思うのです。

「こうしたら素敵な恋愛ができる」という恋愛物を書きたい人の大半が、素敵な恋愛をしていない人です。

自分が憧れているものを書きたいのです。

読み手は、「この人は願望を書いているな」と見抜きます。

「こうしたらお金持ちになれる」というブログも、書いている人の大半はお金持ちではありません。

それは読者にバレます。

書き手の願望の話をまじめに読むような読者はいないのです。

童貞なのに官能小説を書いたり、モテモテでないのにモテモテになる方法を書いたり、お金持ちでないのにお金持ちになる方法を書く人は、「興味があるから書いた」と言います。

これからモテモテになりたい、お金持ちになりたいと思っていることは、たしかに好きなことであり、興味があることです。

興味があっても体験していないことは、書けません。

体験していることは書けます。

すでにお金持ちになっている人は、文章の書き方はヘタでも、いくらでも書けるのです。


お金持ちでない人から、「『お金持ちになる方法』という本を出版したいんですけど」と、出版社に持ち込まれても困ります。

「今あなたはお金持ちですか」と聞いて、「いいえ、違います。ただ、お金持ちになるための本を研究して、お金持ちになる方法を見つけたんです」と言う人の本は出せません。

売れないからです。

無名だから売れないのではありません。

読者も文章を読めば、書き手はお金持ちでないと見抜くのです。

童貞の人の書く官能小説は、あるところから抽象的になります。

体験がないから、具体的に書けないのです。

そういうブログはたくさんあります。

「AVをたくさん見ているから、自分はモテモテだ」というのは誤解です。

この人が文章を書いたら、モテモテでないことはバレてしまいます。

正しいアドバイスは、「自分が好きなことを書きなさい」ではなく、「自分が体験したことを書きなさい」です。

失敗したことも体験の1つです。

失敗の話は、具体的になるからいいのです。
好きなこと、興味のあること、本で研究していることではなく、失敗も含めた体験談を書くことが大切なのです。

好かれる文章を書くために

18

できていないことを、書こうとしない。

19

抽象的に書く人は、自分が抽象的に書いていることに気づかない。

抽象的な文章を書かれると、よくわからなくて「だから何が言いたいの？」と、読み手はイラッとします。

「具体的に書きましょう」と言うと、本人は直せません。

具体性と抽象性の区別がついていないのです。

「自分は具体的に書いています」と言います。

本人の頭の中では何か浮かんでいます。

その頭に浮かんだことを言葉にすると抽象的になっているのです。

「これ、もうちょっと具体的に」と言うと、「これ以上具体的にできません」と言います。

自分の書いているものがいかに抽象的か、客観的に気がつかないのです。

これは、今までにいろいろな人の文章を読んでいないということです。

自分の文章のもとになるのは、今までの読書体験です。

抽象的な小説はありません。

小説は、読み手が追体験をします。

抽象的な小説では、追体験はできません。

抽象的な絵本もありません。

必ず具体的な登場人物がいて、具体的な物語が展開していきます。

読書体験が少ない人は、抽象と具体の区別がつかなくなるのです。

もちろん、物事を抽象的に考えることも必要です。

抽象的に考えることが生かせるのは、具体を知っているからです。

具体に行かなければ、抽象的なものの考え方を生かすことはできません。

抽象と具体を行ったり来たりできる力が一番大切なのです。

抽象を書く基本は、具体を書くことにあります。
抽象より具体を書く方が難しいのです。
抽象より前に、具体を書くように心がけることです。

好かれる文章を書くために

19

自分の書き方が、抽象的であることに気づこう。

20
会話からの書き出しは、自分に酔っている。

よく小学校の作文で入選するものの1つに、会話から始まるというパターンがあります。

大人になって、この書き方をしている人がけっこういます。

冒頭、カギカッコで始まった方が読み手は惹きつけられると思い込んでいるからです。

実際は、読む側にとっては不親切な書き方です。

どんな状況の誰のセリフか、わかりません。

小学生の作文でウケた書き方が大人でも通用すると思うのは勘違いです。

大人でこの書き方はNGです。

このやり方がいけないのは、読み手に不親切だからです。

いきなりセリフから始まると、「誰？」と、状況がわからないのです。

文章は読み手に親切でなければなりません。

会話から始まるのは、プツンと途中から始まることなので、読んでもらえません。

TVドラマでも、第2話からは見ません。

第1話から見ないと状況がわからないからです。

第1話は、ちゃんと状況がわかるところから始まります。

第1話の冒頭が途中のシーンから始まる話も計算されているので、第2話からではわかりません。

読み手に対しての最低限の親切さがないのは、自分の話は途中からでも読んでもらえるという書き手の自己陶酔が原因です。

文章を書く時は、自分に酔わないことです。

読み手に興奮や感動を伝えたいと思うなら、自分自身は冷静でいます。

演技と同じです。
演技は、泣かせるシーンで役者が泣くのはＮＧです。
役者が泣くと観客は引きます。
役者が泣かずに観客が泣くというのが名演技です。
書き手に先に号泣されてしまうと、読み手は泣けなくなるのです。

好かれる文章を書くために

20

会話から、書き出さない。

21 自分の言いたいことより、読み手が知りたい解決策を書く。

すべての書き手には持論があります。

書き手の持論は、読み手の悩みとはまったく関係ないことが多いのです。

読み手は、解決策を求めています。

たとえば、占い師さんは相談者の相談に答えるのが役割です。

「私は結婚できますでしょうか」という相談をされました。

そこで「結婚って必要あるのかなあ」という話は、鑑定料を払って聞きたい話ではありません。

そういう持論は自分の講演会ですればいいのです。

相談者は、どうしたら結婚できるのか、どこへ行けば出会いがあるのかを見てもらいに来ています。

「結婚なんて必要あるのかな」というのは、その占い師さんの持論でしかありません。

嫌われる人には、そういう文章が多いのです。

持論文章は、精神論になっていきます。

たとえば、「本を書きたいのですが、書きたいことが見つからない」と言う人がいました。

書きたいことが見つかって書いても、出版社から出ません。

読む人がいないからです。

書きたいことを書きたいなら、自費出版で出した方がいいのです。

書きたいことを書くのは、芸術家のすることです。

読者の悩みを解決するのが、プロの書き手です。

嫌われる文章は、読み手の悩みとはまったく関係なく、書き手が持論を振り回して

います。

金運を占いに来た人が、占い師さんに「これから地震が起こるかもしれない。我々占い師はみんなでその地震をとめるように頑張っている」と言われるようなものです。

そんなことより、お金の心配を聞きたいのです。

そのズレが嫌われるのです。

好かれる文章を書くために

21

自分のためより、読み手のために書く。

22

何を書くかより、何を書かないかが個性だ。

よく「何を書けばいいんだろう」とみんな迷いますが、先に書かないことを決めることが大切です。

『面接の達人』を書いた時、裏話は書かないと決めていました。

裏話は、うさ晴らしだからです。

私は、うさ晴らしにつきあうのではなく、前へ向かっていく人間に対してつきあおうと考えていました。

これで自分の書くものが決まったのです。

悪口も書きません。

圧迫面接をしてくる企業があるなら、その圧迫面接に対してどう答えていくかということはアドバイスします。

「あそこはパワハラだ」というコメントを集めた本は出さないと決めたことで、『面達』の個性が決まりました。


読まれるものはなんでも書こうとするのは、ブログが一番陥る落とし穴です。グチ・悪口・ウワサ話はアクセス数が増えます。

アクセスが増えるには、炎上することです。

アクセス数を増やしたい人は、わざと炎上したりします。

それでは、最終的には自分自身が感じ悪くなります。

自分自身のテンションも下がります。

文章を書く時は、読み手のテンションだけでなく、書き手のテンションも下げないことが大切なのです。

文章を書くのは引き算です。

好かれる文章は、書き手として物足りないくらい削られています。
削る勇気を持つことが、読み手に対しての敬意なのです。

好かれる
文章を書く
ために

22

書かないテーマを決めよう。

第3章

盛るより、シンプルに書く。

23 加齢臭のある文章は、嫌味になる。

見た目は若いのに、頑固ジジイのような文章を書く人がいます。
加齢臭が漂っているのです。
実年齢は関係ありません。
文章には、その人の精神年齢が出ます。
加齢臭は、頭のかたさから出てきます。
それは文章を読むだけでわかります。

たとえば、「今日は〇〇先生の講演を聞く機会があった」と書くのです。

それは「聞いた」でいいのです。

「聞く機会があった」と言っただけで、後からお小言が続きそうです。

「こういう話が出た。私は違う意見を持っている」でいいのに、「ちょっと待ってほしい」と書きます。

「私は耳を疑った」と書きます。

「笑わせてくれる」と、大げさな表現になるのです。

書いた本人は文章の加齢臭に気づいていません。

若い人にも、若ぶっている人にも、このタイプはいます。

「いくつに見える?」と聞いて、外見的に若く見られて喜んでいる人が文章を書くと、突然、おじいさんになるのです。


文章には、「子どもの文章」「大人の文章」「頑固ジジイの文章」の3つがあります。

文章で嫌われる人は、「子どもの文章」と「頑固ジジイの文章」しかなくて、「大人の文章」がないのです。

「ここに1枚の写真がある」というのも、小言を言う前置きです。

「と言っても過言ではない」は、「○○だ」でいいのです。

最後は「合掌」です。

言葉の1つ1つに嫌味を含んでいるのです。

「そもそも○○というものは」は「○○は」にします。

そのうち、「○○ではないのでしょうか」と、「諸君」と言っていたような昔の演説口調がいきなり始まります。

頑固ジジイの言い回しは、もったいぶっているのです。


こういう書き方をしていると、どんどん自分に酔っていきます。

頑固ジジイの文章は、「自分は古くさい人間で、世間は自分のことを相手にしてくれない」という不安から生まれます。

女性も含めて、若い人が、突然おじいさんのような文章を書くので、驚かれます。

「あの人のおじいさんが書いたのではないか」と思うぐらい、年齢のギャップがあるのです。

文章には、それぞれの年齢に合った文章があります。

好かれるのは、30代なら30代、50代なら50代というその人の年齢相応の文章です。

年齢のギャップのある文章は嫌悪感を持たれます。

大げさな文章ほど、中身がありません。

それは、「みんな聞いてくれ」と、杖を振り回している状態です。

きちんとした文章は、中身でわかってもらえるのです。

好かれる文章を書くために

23

もったいぶった言い回しをしていることに気づこう。

24

「○○を知っているだろうか」は、「上から目線臭」になる。

「上から目線臭」の文章を書いていることに、書き手は気づいていません。

文章はフラットに書いた方が好かれるのです。

「○○を知っているだろうか」というのは、「私は知っているけど、たぶんあなたは知らないでしょう」という上から目線の言い方です。

それは単に「○○です」でいいのです。

知らなかったら知らないし、知っていたら知っています。

知らない人にもわかるように書くのが優しい文章です。

こういう言い方は、男性に多いのです。

男性は常に勝ち負けの世界で生きています。

会社の中では、役職で上下関係があります。

別の部署の人に対しては、何年入社で上下関係をつけます。

マンションの理事会に行っても、何年生まれで上下関係をつくろうとします。

上下関係がはっきりしないと、人とコミュニケーションをとれないのです。

そういう人から出てくる上から目線の言葉が、「〇〇を知っているだろうか」という言い回しです。


上から目線の文言は、知らず知らずのうちに出てしまいます。

それを出さないようにするためには、常日ごろ、知らない人と上下関係なしにコミュニケーションをとる練習をしておくことです。

上から目線の文章は、文章だけで直すことはできません。

まずは、ふだんの会話や人とのつきあい方を変えていきます。

上下関係なしのやりとりが苦手な人は、文章を直すことで、ふだんの会話も変わってくるのです。

好かれる
文章を書く
ために

24

上から目線文章になっていることに気づこう。

25

「「する人を知っています」は、嫌味になる。「する人がいます」と書く。」

「〇〇する人を知っています」という書き方には悪意が感じられます。
これは2通りの場合が考えられます。
①本当に嫌味な気持ちで言っている
②その人に対して嫌味な気持ちはまったくない
読み手からすれば、どちらも嫌味に受けとります。
怖いのは、書き手が嫌味を感じていない時です。
嫌味を感じていないから、平気でこういう書き方ができるのです。
嫌味になる文章がわかる人は、「これ、嫌味になる」と気づいて、それを削ることができます。

自分の書いた文章が嫌味か嫌味でないかをきちんとわかることが、嫌味な文章を書かないコツです。

「私は嫌味な文章は書きません。そんな言葉は、そもそも知らないし」と言う人が一番危ないのです。

知らないで使ってしまうからです。

「毎朝、家の前を掃除する人を知っています」は、「毎朝、家の前を掃除している人がいます」と言えばいいのです。

「する人を知っています」と言うと、主役が「掃除する人」ではなく「私」になっています。

「掃除する人を知っています」と書くと、読者は次に「あの人はふだんゴミをどんどん捨てていて、人が見ている時だけ掃除をする」という展開が来ると予想します。

何か含みがある感じがするのです。

「する人を知っています」は、「する人がいます」。

好かれる
文章を書く
ために

25

「私」を主役にしない。

「するわけです」は、「します」。

「するのも事実です」は、「します」。

「これはつまり」は、いりません。

「私たちは、ともすれば」も、いりません。

「私」が入ってくることが嫌味なのです。

「ともすれば、人は」の中に「私」は入っていません。

これは「私は間違ったことはしていないけど」というニュアンスになるのです。

読み手は、「この人、ひねくれちゃっているな」というのを嗅ぎとります。

文章には、臭いがあります。

加齢臭、嫌味臭、上から目線臭、すべて臭いなのです。

26 「返事は結構です」は、返事を督促していて、嫌われる。

「返事は結構です」と書く人がいます。

そもそも「返事は結構です」と書かなくていいのです。

返事をするかどうかは相手が決めることです。

「返事は結構です」は、「返事をください」という督促です。

意識のレベルでは違っても、無意識のレベルでかまってほしいのです。

返事を本当にほしくない人は、「返事は結構です」とは書きません。

「かまってちゃん臭」があるのは、「長文ですのでお時間のある時にお読みください」という文章です。

忙しい人は、長文は読みません。

そもそも長文を送るのはＮＧです。

「人間はいつヒマなんだ」と文句を言いたくなります。

受けとった側は読まないと、「悪いことしたな」という罪悪感だけが残ります。

相手に罪悪感を残すような文章は嫌われるのです。

メールを受信する時、基本的に長文は怖いです。

私は、５行以内のものは読みます。

「これはどこまで続いているんだ」「ファイルに入ってる」という、ひと目で見られないメールはあけません。

ウイルスメールの可能性があるからです。

長文は、単純に読むのが面倒なだけではなく、内容も怖いです。

10枚入りの便箋で書かれてくるファンレターは危ないです。

感情を抑えられなくなっています。

自分のことを全部知ってほしいと、子どもの時の写真を送ってくる人もいます。

怖いので処分しようと思っていると、後日、「大切な写真なので返してください」と手紙が来ることがあります。

しかも「返してください」という手紙は1カ月後に来ます。

そうすると、すぐに処分せずに、しばらくとっておく必要があります。

自分の写真を送る人も、返事がほしいかまってちゃん臭があるのです。

好かれる文章を書くために

26

「長文ですので、お時間のある時に」より、長文を送らない。

27

「大変」「非常に」「大至急」「絶対」は、かまってちゃんに感じられる。

「かまってちゃん臭」をとり除くには、強調語を減らすことです。

文章の中に強調語がたくさん出てくると、読み手は「かまってちゃんなんだな」と感じます。

「凄く」「大変」「非常に」「大至急」「絶対」という強調語を入れる人は、何か強調したいのです。

メールに「大至急お返事下さい」と毎回書く人がいます。

たいして急ぐ必要のないことばかりです。

それによって、本当に大至急の時はアウトです。

「また『大至急』来たよ。これはスルーだな」となるからです。

実際、強調語を使っている人は、スルーしてまったく問題ありません。

「大変なことが起こりました」と書いてあっても、ひとつも大変ではありません。

「大変」と言うことによって、返事をもらおうとしているのです。

感じのいい文章は、さらりと書いてあります。

これが好感を持てるのです。

強調語は大声で叫んだり、メガホンでがなっている状態です。

たとえば、表参道のブランドショップには「安い」と書いていません。

ブランド店に「激安」と書いてあるわけがありません。

そんなブランド店はイヤです。

「激安」「超特価」「今ならお得」「今すぐ」「今日だけ」というのは、「今日ならポイント10倍」という文言に似てきます。

その結果、インフレ化が起こり、「ポイントはそもそもなんなの?」ということになります。

「ポイント10倍」と出てきた時点で、ふだんの1倍のポイントがバカらしくなります。

この後は１００倍や１０００倍になります。

10倍が当たり前になったら、倍率を上げないと注目してもらえなくなるからです。

そうすると、「ポイント１０００倍」が出てきた時点で、ポイントは消滅したのと同じです。

結局、自分自身を否定する形になるのです。

それに比べて、余裕のある文章は好感が持てます。

誰しも余裕がある文章を読みたいのです。

文章を書く時は、大声で叫ばない文章にすることが大切です。

好かれる文章を書くために

27

強調語を使わない。

28

プロフィールの「大好評」は、アマチュアだなと読み手に伝わる。

SNSでも本人のプロフィールを書く欄があります。

本の著者のプロフィール欄も、感じのいい人ほど短いです。

プロフィール欄は、長ければ長いほど面倒くさい人だという感じがします。

その人がメジャーで売れていれば売れているほど、プロフィールは短いです。

本田圭佑選手のプロフィールは「サッカー選手」でいいのです。

もちろん誰でも知っているからということもあります。

感じのいいプロフィールは、事実だけが書いてあるのです。

普通は事実だけを書くと思いがちです。

感じの悪いプロフィールの印象は、

①「なんだかイヤだな」

②「なんでこの人はこんなおどおどしているんだろう」

という2通りがあります。

ありがちな「○○で大好評を得て」は、プロフィール欄にいらない飾り言葉です。他人からの漠然とした評価を、売れている人は書きません。

知名度のない人が「大好評を得て」と書いた瞬間に、「ムリヤリ箔をつけようとしているな」と、読み手は感じてしまうのです。

あれもこれもと書いていると、プロフィールは長くなります。

よく名刺の裏側に肩書がたくさん書いてあるおじさんがいます。

私は、結婚式でよく司会をしています。

小さい肩書まで「全部読んでもらわないと困る。省略しないで読んでください」と言われると、「この人は自己肯定感が低いんだな」と感じます。

プロフィール欄には、「○○で大好評を得て」「絶賛され」「万来の拍手を得て」と書かないことです。

飾り言葉は、実績のなさをアピールしているだけです。

そういうプロフィールを見ると、「そんなふうにしなければいいのに」と、気の毒に思われます。

実績のある人ほど、プロフィール欄は短くなります。

実績感を出したいと思うなら、プロフィールはあくまでも短くすることです。

事実を書くだけで、「大絶賛」はいらないのです。

好かれる文章を書くために

28

プロフィールは、事実のみを書こう。

29

書くことは簡単。自分の文章を読むことは、難しい。

文章の嫌味臭を消すには、まず自分の書いた文章を声を出して読み返すことです。

ここで消せるのです。

嫌味臭が残っている人は、読み返していないのです。

読み返さないのは、抵抗があるからです。

自分の書いた文章を見るのは恥ずかしいので、たいていの人は書きっ放しです。

自分の文章を読み返すかどうかが、好かれる文章と嫌われる文章に分かれる瀬戸際です。

好かれる文章を書く人も、自分の文章を読むのはきついのです。

プロの作家も、文章を書くより読み直す方が疲れます。

作家がゲラチェックに時間がかかるのは、読むまでに凄くエネルギーがいるからです。

直しに時間がかかるのではありません。

自分の書いたものを読みたくないのです。

読むより書く方がラクです。

人の文章はラクに読めます。

自分の書いた文章を読み返すのは一番抵抗を感じるのです。

自分の声を聞くのと同じです。

カラオケにみんなが歌いに行くのは、自分の声を聞いていないからです。

「1回歌った後で自分の声を聞かせるよ」と言われたら、歌わなくなります。

録音された自分の声を聞いた人は「私がこんなヘンな声だとは思わなかった」と、みんな言います。

嫌われる文章は、同時に誤字脱字も多いです。

間違いを指摘すると、「あ、間違っていました。これはケアレスミスです」と言います。

1回読み返せば直せるイージーなケアレスミスをしていると、「この人は文章を読み返さないんだな」と思われます。

読み返すことで、誤字脱字やイヤらしい文言が残っていることに気づけるのです。

イヤらしい文言が残っている人は、必ず誤字脱字もあります。

これは、自分の文章を読み返さないことが共通点です。


自分の文章を読み返せば、「これは嫌味だな」「これを読んだら誰かが傷つくな」と、気づけるようになります。

プロの作家が文章がうまくなるのは、読み返さざるをえないからです。

書くのは簡単なのです。

ブログが炎上するのは当たり前です。

自分の書いたブログを読み返さないからです。
読み返していると時間がかかって、ブログを頻繁に書けないのです。

好かれる文章を書くために

29

書いた文章を、読み返そう。

「30」人を傷つけないのが本当のユニークさだ。

自分の文章を読み返していると、だんだん当たり障りのない文章になっていくことがあります。

そうならないためには、人を傷つけないでユニークなことを書ける本当のユニークさが大切です。

「ユニークなこと」イコール「人を傷つけること」ではありません。

人を傷つけるところを削ってユニークさが残らない話は、そもそもユニークではないのです。

ただ人を傷つけているだけです。

これは、毒があるかどうかの違いです。

狂言の世界は、人間の喜劇を通した人間讃歌です。
狂言は喜劇ですが、毒はありません。
毒がなくて普遍の笑いなのです。
笑いには、「毒のある笑い」と「毒のない笑い」があります。
落語も同じです。
落語の中に毒はありません。
誰かを傷つける笑いはないのです。
だからこそ古典となりうるのです。
狂言が最初に生まれた室町時代は、毒の笑いの狂言もありました。
それらはやがて消えました。
今日残っている狂言には、毒のない健康な笑いしか残っていないのです。
「健康な笑いなんかつまらないじゃないか」と言う人がいます。

つまらなくても残っているのではありません。
古典として600年も残っているのは、毒のない健康な笑いだからです。
「笑い」イコール「毒があるもの」ではないのです。

好かれる文章を書くために

30

笑いに毒を入れない。

第4章

売り込むより、役立つことを書く。

31 ブログでの売り込みは、読み手が気づく。

自営業の人もサラリーマンもブログを書いています。

中には嫌われるブログもあります。

読み手が一番嫌いな文章は、宣伝くさい文章です。

「なんだかんだ言って、これ、宣伝なんですね」と感じられる文章は、読む気になれません。

「宣伝のつもりで書いているわけではありません」

「これを書いたからといって、私には一銭も入りません」

「ステルス広告じゃないですよ」

と言っても、無意識に「これでお客様が来ればいいな」と思っている気持ちが文章に出てしまうのです。

私は広告代理店出身なので、広告臭には敏感です。

プロの広告屋は、広告の臭いのする文章を書きません。

それが読み手に一番嫌われるとわかっているからです。

広告臭のする文章は、「これは、宣伝だな」と、読者は気づきます。

書き手の中に「これで1個でも売れればいいな」とか「これでお客様が来ればいいな」という気持ちが1ミリでもあると、それが出てしまうのです。

広告のプロは、広告の文章がうまいのではありません。

広告に感じる文章を削るのがうまいのです。

好かれる文章を書くために

31

ブログで、売り込まない。

32 「英語ができるとどんなに素晴らしいか」より、「英語ができるようになるコツ」を書く。

英語のできない人は、英語の勉強の進め方を英語のできる人に相談します。

英語のできる人は、英語の勉強の仕方について、ブログなどに書いています。

英語学校の先生も、学校のブログをつくっています。

最も嫌われるのは、「英語ができると、どんなに素晴らしい世界が待っているか」をとうとうと語っているブログです。

そんなことはわかっています。

どうしたらそうなれるかを知りたいのです。

1つでもその方法が書いてあると、そこに好感を持ちます。

もっと教えてほしいから、そこの学校に行くのです。

「知りたい人は、ぜひ入学を」というのが、一番イヤな感じになります。

学校に行くと、「英語ができるようになると、どんなに素晴らしいか」をまた聞かされます。

最後に「さあ1歩踏み出そう」と言われます。

学校に来ている時点で、すでに1歩踏み出しているのです。

ダイエットで「痩せるとこんなにモテモテになりますよ」と言われても、そんなことはわかっています。

今までダイエットをいろいろ試して失敗してきたから、何かいい方法を1個でもいいから教えてほしいのです。

「○○したらこうなる」と言われても、「あなたはそれができているからそうでしょうけど」と言いたくなります。

できていない人の気持ちがわかっていないのです。

何もしていないから、できていないのではありません。

いろいろトライしているのに、結果に結びつかないから苦しんでいるのです。

成功したらどんなに良いことがあるかより、1案でいいから成功するために何をすればいいのかを書くことが大切なのです。

好かれる文章を書くために

32

メリットより、解決策を書こう。

33

「一歩踏み出そう」は、「とっくに、踏み出してるのに」と、読み手の反感を買う。

スポーツジムなどでは、ブログを勧誘の入口にしています。

そこには「あなたも一歩踏み出そう」と書いてあります。

ブログのタイトルの半分以上が「一歩踏み出そう」です。

宣伝ではありません。

ほかに言うことがないのです。

体をスリムにしようとする人に対して、よかれと思って、「さあ、みんなも一歩踏み出そう。立ちどまってはいけない」と書いているのです。

それは「一歩踏み出そう」という言葉の冷たさに気づいていないのです。

みんなは、とっくに踏み出しています。
だけどうまくいかないのです。

上司が頑張っている部下に「頑張れ」と言うのと同じです。

これで部下は上司にガッカリします。

うまくいかないのは、いいやり方が見つからないとか、やっているのに結果につながらないだけのことです。

それに対して「頑張れ」と言うのは、「おまえは頑張っていない」と言っているのと同じです。

「一歩踏み出そう」は、踏み出していることを認めていません。

アドバイスは、相手が頑張っていることを前提にすることが大切なのです。

好かれる文章を書くために

33

アドバイスは、相手が頑張っていることを前提に書こう。

34

ハードルの高い解決策は、読まれない。

読み手は、自分の悩みの解決策を1つでもいいから求めています。

この時小さな悩みの小さな解決策を書いているのが、好かれる文章です。

相談にのっている側、答える側は、自分はできている人です。

そういう人は、「これならできそう」ということは書かないで、つい最高レベルを求めてしまいます。

あるフィットネスクラブのジムの人に、「これであなたはキン肉マン」と言われました。

生徒はそこまでは目指していません。

3キロ痩せたいだけです。

10キロ痩せるようなしんどいことはしたくないのです。

そこにギャップがあるのです。


自分ができている書き手は、つい「こんなの簡単ですよ」と言いがちです。

できている人には簡単です。

できていない人には、基本中の基本も難しく感じます。

その読み手の気持ちがわかっていないのです。

これが読み手の立場に立つという想像力です。

「みんなキン肉マンになりたいじゃないですか」と言いますが、その「みんな」という言い方が間違っています。

みんながキン肉マンになるために努力したいと思っているわけではありません。

Bクラスの人はAクラスになりたいと思っています。

Eクラスの人はAクラスになりたいとは思っていません。

EをDにしたいと思っているだけです。
EをDにする方法と、BをAにする方法は違います。
Eの人にAになる方法を要求するのは、相手のことをわかっていません。
書き手から読み手への自慢です。
これがイヤな文章になるのです。

好かれる
文章を書く
ために

34

「これならできそう」という簡単な解決策を書こう。

35 読み手の小さな悩みを解決する。

好かれる文章は、読み手の小さな悩みを解決することが目的です。

自慢話は読み手の役に立ちません。

読み手は失敗したり、つまずいたりしています。

この読み手にとって、書き手のたくさんのつまずき体験が先生になります。

自分と同じようなつまずき体験を書いてもらうと、「この人もこういうことでつまずいたけど、こうやって乗り越えてきたのか」と、読み手は一番参考になるのです。

書き手の成功話を書いても、読み手からすると、「それより今の私の立場の問題を解決してほしいんだけど」と、不満に思います。

「今あなたはＡクラスでも、私はＥクラスにいるから、Ｅクラスに合わせて話をしてもらいたい。Ａクラスの話をされてもまったくなんの参考にもならない」という感想は、けっこうあります。

本当に自信のある人は、Ｅクラスの人にはＥクラスの向けの文章が書けます。

自信のない人は、「オレはＡクラスと思われていないんじゃないか」という自己肯定感の低さから、Ｅクラスの人に「私はＡ」と主張します。

そのため、読み手がつまずいていることに対して「そんなの簡単じゃん」と、冷たく書いてしまいます。

相手を叩きのめすことによって「私はＡクラスですよ」と、あたかも前からＡクラスであったかのように言うのです。

その冷たさは、「みんなには自分がＡクラスだということをまだ認識されていないんじゃないか」という自己肯定感の低さが原因です。

みんなにＡクラスであることを認めてもらっている本当の意味での自己肯定感の高

い人は、Ｅクラスのレベルに合わせてきちんと話ができます。
「それって難しいんだよね」「それが実は一番難しいんだよ」と、Ｅクラスの難しさを共有することができるのです。

好かれる文章を書くために

35

自慢話を１行も書かない。

友達の会社を「ぜひ、使ってあげてください」と書くのは、「困ってるんだな」と思わせてしまう。 36

友達のウエブデザイナーを応援するために、自分のブログに「彼は能力がある男なので、ウエブデザイナーの仕事があったら、ぜひ使ってやってください」と書いた人がいました。

本人は、自分の利益にはならないから広告ではないと考えています。

これは立派な広告です。

これで友達の売上げが上がるかというと、逆に下がるのです。

「まわりが応援しなければいけないぐらい仕事がないんだな」と思われるからです。

プロの広告屋なら、そんな表現はしません。

「○○さんは優秀だから、僕の仕事も引き受けてくれなくなっちゃうな」という書き方をします。

「皆さん、ぜひよろしくお願いします」と頼んだ時点で、友人の値打ちを下げているのです。

これが広告のプロとアマチュアとの違いです。

アマチュアの書き手は自分の広告臭に気づかないのです。

「これはステルス広告ではありません」という1行がアウトです。

本当にステルス広告でなくても、その1行がイヤらしいのです。

お金に興味のない人は、「私はお金に興味がありません」とは書きません。

興味がないから、そもそもその1行が浮かばないのです。

損得にこだわっていない人も、「私は損得なんかどうでもいいんです」とは書きません。

損得にこだわっている人が、そう思われるのがイヤだから、わざわざ否定するのです。
「私は損得にこだわらないから、今までずっと損ばかりしてきています」と言った時点で、損得をカウントしているのです。

好かれる文章を書くために

36

「ぜひ」は、使わない。

37 悪い例を1割、良い例を9割のバランスで書く。

文章の書き方のロジックは、「Aではなくて、B」という形です。

私の本も、「Aが間違っていて、Bが正しい」という書き方をしています。

読者は、前半の不都合な部分をひっくり返してほしいのです。

感じの悪い文章は、「こんなに間違っている」が9割で、全体として「悪い面ばかり」という印象で終わります。

悪が9割、正解が1割の書き方です。

これは比重のかけ方が間違っています。

たとえば、A子さんは老けている、姿勢も悪い、服装もだらしない、話の中身もない、品も知性も何もないというのを9割書いて、「でも、自分は嫌いじゃない」と、最後の1行だけいいことを書くのです。

本人はたくさんほめたつもりですが、A子さんにとっては、いい迷惑です。

これで嫌われていることが書き手はわからないのです。

しかも、好きなところの1個が「嫌いじゃない」という抽象的なことです。

好きなところは、ほぼゼロに近いのです。

受けとる印象の比率で言えば、悪いところ対良いところが、99対1ぐらいです。

これでは逆転できません。

書き方で嫌われる人は発想自体がそうなっていて、対象のイヤなところばかり見ているのです。

好かれる文章にするには、悪いところが1で、良いところが9の印象にすることです。

そうすることで、感じのいい文章になります。

悪をたくさん書く人は、それをひっくり返すことで挽回しようとしています。

悪い例を書きすぎると、挽回できないのです。

好かれる文章を書くために

37

悪を、書かない。

38
「悪いAから、良いBへ」では、当たり前で読まれない。

感じの悪い文章は、「悪いもの」と「良いもの」を比べます。

「これからは『悪いお店』から『良いお店』になる時代だ」と言うのです。

どっちが悪くて、どっちがいいかは最初からわかっているので、比べても意味がありません。

「悪いお店」にも、その仕事で頑張っている人がいます。

それを「悪い」と決めつけて叩きのめすのはよくないのです。

私は、たとえば「21世紀は『良店』から『名店』になる時代だ」と書いています。

「良店」も「名店」も、どちらもいい店です。

「悪店から良店へ」と言うと、悪店の例に挙げられた会社が「これ、うちのことじゃないか」と感じます。

これで敵をつくるのです。

本は、1人でもクレームが来ると回収になります。

本を書く人は、そのリスクの中で書いています。

編集者も校正者も、誰かの迷惑になる表現がひと文字でもないか、チェックにチェックを重ねています。

悪意はなくても、悪意に解釈されることはあります。

厳密にチェックをかけているのです。

SNSに書いている人は、その感覚はありません。

「みんなに読んでもらいたい」という気持ちから、悪気なく誰かを悪者にします。

それで相手にイヤな思いをさせたり、嫌われたりするのです。

読んだ人が当事者でなかったとしても、「悪い例に挙げられた人に悪いよね」と、イヤな気持ちになります。

「ここまで挙げなくていいのに」

「冷たいよね」

「悪い例に挙げられている人だって、一生懸命仕事しているのに」

「これを書いた人は、ひねくれている」

という解釈になるのです。

成功した人に対して、「あんな無名のヤツは聞いたことがない」と書くのは、単にその人が知らなかっただけです。

読み手からは「成功した人をねたんでいるんだな」と思われます。

成功している人間を叩くことで、関係ない読み手からも嫌われるのです。

好かれる文章を書くために

38

「良いA」から「良いBへ」と書こう。

39

読み手を、1人に絞る。

感じのいい文章は、ラブレターになっています。

感じの悪い文章は、DMになっています。


1対1で書くのがラブレターで、1対多で書くのがDMです。

「世の中のOLさんたちに向けて書く」という時点でDMです。

読み手には「自分に対して書いてくれているのではないな」と思われます。

書き手からすると、1人1人に向かって違うことを書くのは効率が悪いです。

「OLさんたち」と言った方が、1回書くだけで誰に対しても何度でも使い回せるので効率がいいのです。

これがネット社会の大きな幻想です。

1対多の方が安くできて効率がいいとか、コミュニケーション革命だと勘違いしているのです。


実際、効率良くやっていることの効果はゼロです。

ゼロどころか、むしろマイナスです。

たとえば、A子さんとB子さんに同じ文言のラブレターを送ったら、A子さんとB子さんの間ですぐにバレます。

キャバクラで嫌われる男性は、A子さんとB子さんに同じことを言って、同じプレゼントを買っています。

キャバクラの女性は情報が分断されているからバレないと思っているのです。

それは大いなる勘違いです。

「あの人にこれをもらって、こんなことを言われた」という情報は、全員が共有しています。

これがネット社会です。

ネット社会は、自分から相手に送る時に便利なだけでなく、相手同士も情報を共有できるのです。

名前を変えるだけで通じる文章は、嫌われます。

それが読み手を1人に絞らないといけない理由です。

AさんとBさんとでは違う内容で送った方がいいのです。


名前の部分を変えるだけで誰にでも使える汎用性のある定型文は、みんなに送っていなくても嫌われるのです。

キャバクラの営業メールが、これです。

相手のことを覚えていなくても通用します。

自分のことを覚えていないのに書いていることも、自分のことを覚えていて書いていることもわかるのが文章です。

1対1で書いているとわかるような文章にすることです。

好かれる
文章を書く
ために

39

一人にしか使えない文章を書こう。

汎用性がある文章を送るのは、ゼロどころかマイナスです。
「好かれる文章」「嫌われる文章」「どちらでもない文章」があるのではありません。
文章は「好かれる」か「嫌われるか」のどちらかで、真ん中はないのです。
汎用性のない文章にするためには、具体性が必要です。
それは、そのままコピペしてほかの人には使えない文章です。
あえて効率の悪いことをすることが大切なのです。

40 お店のメリットを考えたアンケートをとらない。

アンケートをとる時は、「なんでもご自由にお書きください」という1問だけでいいのです。

そうすれば、書きたい人は書きます。

そこに1点から5点までの点数をつけてもらう必要はまったくありません。

「高い・安い」という質問もまったく意味がないのです。

「ちょっと高い」と書かれたからといって、対応のしようがありません。

一番感じがいいのは、そのアンケートを、来た人が生かせる場、自分の意見を書けるフリースペースにしておくことです。

「感想を読んでくれるんだな」と思ってもらえる形がベストなのです。

「何でお知りになりましたか」という質問は、アンケートを書くお客様のメリットは何もありません。

それは、宣伝を打つ場を考えるお店側の都合です。

ずっと当たり前のようにしていたことを振り返って考えてみると、知らないうちに嫌われることや冷たいこと、ガッカリさせることをしていたことに気づけます。

ネット時代は、「何のワードで検索しましたか」という質問もあります。

それは、お店にたどりついている目の前のお客様にはなんら関係ありません。

自分たちが検索エンジンで上に上がる作戦を考えるためのアンケートは、お客様に嫌われるもとをつくっているだけなのです。

好かれる文章を書くために

40

アンケートは、お客様に自由に書いてもらおう。

第5章

ウケる文章より、信頼される文章を書く。

41 5行を超えると、言い訳になる。

中谷塾の生徒から、講演の感想をメールでもらうことがあります。

「鋭い気づきだな」と感じるメールの共通点は、5行以内のものです。

5行を超えると、「なぜああいうふうに発言したかというと」とか、言い訳が始まります。

この人は学校と会社との区別がついていないのです。

会社は保身のために言い訳が必要です。

学校は自分の成長のための場所なので、言い訳はいらないのです。

習いごとの先生にも、「なぜ私があの時できなかったかというと」というメール送る人がいます。

それは次のレッスンの時にすればいいだけのことです。

「私はこんなに頑張っている」ということを、とうとうと書いているのは、すべて言い訳です。

習いごとで保身を考えるのは、先生に嫌われたくないからです。

それでよけいに嫌われるのです。

感想を書く必要は、まったくありません。

「聞いて聞いて」よりも、成長することの方が大切です。

教える方は、勉強してさっさと成長してほしいのです。

5行以上感想を書いているヒマがあるなら、実践すればいいのです。

仕事でも、一緒に仕事をする人の言い訳は聞きたくありません。

大切なのは、チームワークで一緒に前に向かっていくことです。

言い訳している間は、前に進まないのです。

好かれる文章を書くために

41

言い訳を書かない。

失敗をした時も、謝罪文が5行を超えたら言い訳になります。

謝罪は、「すみませんでした」の1行でいいのです。

「なぜそうなったかというと」というのは、保身です。

「私は悪くない」と、ずっと言い続けているのです。

42
5行を超えると、怒りになる。

怒っている時のメールも、5行以内におさめておきます。

5行以内にしないと、とまらなくなるからです。

5行は冷静さを保つ限度です。

6行目からは陶酔が始まります。

言い訳している人は言い訳中毒にハマり、怒っている人は怒っている中毒にハマります。

5行以内におさめれば、相手に「悪いことしたな。反省しなければ」と思ってもらえます。

5行を超えると、「そこまで言わなくていいだろう」と、反感を買うのです。

本人はチームワークを良くするために怒っているのに、逆に嫌われてチームワークが決裂する方向へ向かうのです。


怒っている時は、箇条書きが始まります。


「なぜ自分が怒っているかというと、理由は3つある」と、1つずつ挙げていきます。

そうすると、5行におさまらなくなるのです。

読み手は、「これ以上この人とかかわりあうのはやめよう」ということになります。

怒っていいから、メールは5行以内にします。

そうすれば、相手は反省してくれます。

怒っている側は、相手が失敗しているので、立場的に優位に立っています。

ふだんは自分が優位に立つ場面はなかなかありません。

これを機会に、今までたまっていたストレスを一気にぶちまけようとして、「理由は3つある」というような箇条書きが始まります。

ふだん論理的に話ができない人が、怒る時だけ、論理的になるのです。
6行目からは、悪魔が乗り移って書いてしまうのです。

好かれる
文章を書く
ために

42

怒っていることを、箇条書きで書かない。

43

質問する場合は、まず質問を1行で書いてから、補足説明を入れる。

質問を文章で書く時は、質問が最初に来て、その後に補足説明が来ると好かれます。

これが一番好かれる質問です。

嫌われる質問は、説明が先に来るのです。

読み手は、最初の1行を読む時に全力を注いでいます。

最初に質問だと思って一生懸命読んでいたら、それが補足説明だったりすることがあります。

質問がなかなか出てこないのです。

これで疲れてしまいます。

一番嫌われる質問は、「質問」と「補足説明」の区別がつかない質問です。

質問する時は、1行目に「〇〇はどうしたらいいか、お尋ねします」と書いて、その後で状況を説明します。

そうすれば、相手もその状況に合わせて答えられるし、質問を前提に説明を読むことができるのです。

質問なしに前提を書かれると、全部を集中して読むことになります。

しかも、読んでいたことは、ほとんどが質問と関係ない話です。

口頭なら、「すみません、先に質問を聞きましょうか」と言うことができます。

文章はそれができないので、読んでいて疲れるのです。

そういう書き方は、相手に嫌われるだけでなく、結局、自分が損をします。

エネルギーは最初に集中しています。

たとえば、最初に登場人物が10人ぐらい出てきました。

その人間関係を、頑張ってすべて把握しました。

にもかかわらず、それとは全然関係ない質問が最後に来るのです。
信じられないかもしれませんが、100％違う話が最後に来ます。
質問をされる人は、誰しもが痛感していることです。
これで「エネルギーを全部使い果たしました」ということになって、嫌われるのです。

好かれる
文章を書く
ために

43

質問と説明を分けよう。

44

質問するより、仮説をつくる。

質問をくどくどする人は嫌われます。

質問している側はラクです。

答える側はエネルギーがいるのです。

たとえば、講演のアンケートで「今日、講演でこういう話を聞きました。それを私なりに解釈して、こういうことを実践していきます」と書きました。

これは感じのいい感想です。

感じが悪いのは、「今日こんなお話で感銘を受けました。ただ、この意味がわからないので教えてください」という感想です。

目の前にいない人に説明するのは難しいです。

嫌われる人は、メールで簡単に質問します。

聞かれた側は、「この話は長くなるから、スルーしようか」と思っても、「スルーしてる自分は感じ悪い人かな」と、後味の悪さだけが残るのです。


質問を繰り返す人は、自分で解釈するという発想がありません。

聞いたことを自分なりに解釈すればいいのです。

正解はありません。

自分なりの解釈をして、仮説を立てて考えればいいだけのことです。

それを「どういう意味ですか。教えてください」と言われると、イラッとします。

どんなに「大変いいお話でした」と言われても、その1行でガッカリします。

たとえ質問に答えても、返事はわかっているのです。

その答えの中から、意味がわからないところをまた聞かれます。

結局、答えを聞きたいのではありません。

返事がほしい「かまってちゃん」です。
文章の中に質問を入れる人には、「かまってちゃん臭」があるのです。

好かれる
文章を書く
ために

44

「どういう意味ですか」と聞かない。

45

「○○さんがこう言った」と書くことで、好きな人から嫌われる。

講演に来た人に、「中谷さんと一緒に写真を撮って、フェイスブックで紹介していいですか」と聞かれることがあります。

写真はいいのです。

ただし、「中谷先生は、今日、○○と言った」というのはNGです。

なぜならば、私はそんなことは言っていないからです。

「○○と言った」というのは、あくまで、その人の解釈です。

そこだけ切り取ったら、たしかに言っています。

これが誤解を招きます。

それは1時間の話の中での1行です。

その1行だけ読んだ人は、「過激なことを言っている」と解釈するのです。

書いている側は、よかれと思って書いています。

そういう時が一番危ないのです。

出版社なら、誰かの名前を使う時は、「こういう形で紹介させていただきますけど、よろしいでしょうか」と、本人に確認します。

そうしないと、「言葉の言い回しが違う」というクレームになって、本を回収する事故になるからです。

ブログは、そんな本人確認はまったくしません。

ノーチェックで、書いたものがそのまま出てしまいます。

本人が炎上になるのは、自己責任です。

それだけでなく、引用をした**自分が尊敬する人まで炎上を起こす迷惑をかけてしまうのです。**

一番迷惑なのは、一部分だけ切り取られたものがひとり歩きすることです。

1時間の話を丸々書くことはできません。

どういう文脈でそう言ったのかも書けません。

○○さんが「△△と言った」というカギカッコつきの文言は、書かないのがマナーです。

勝手に書かれた人がそれを読んでも、「そんなことは言ってない」とは言ってくれません。

「この人とは、あまり深くかかわりあうのはやめよう」と、嫌われていくだけです。

講演を聞いた人が感想をSNSに書きます。

「いい話だった」「感銘を受けた」「やる気が湧いた」というのは、自分のリアクションだからいいのです。

「○○さんが△△と言った」の「△△」の部分は、インタビュー原稿なら、すべて本人の了解が必要です。

了解なしで載せるのは、きわめてアンフェアなことです。

迷惑がかかるのは、書いた本人ではなく、勝手に書かれた人です。

何かに感動したとしても、「○○に感動した」の「○○に」の部分は書かないようにします。

誤解が1ミリでも発生するような言葉には触れてはいけないのです。

ボヤが発生するリスクのあること、他者に迷惑がかかることをなぜ書くのかということです。

その根本にあるのは善意です。

善意で書いていることが、他者に対して一番の刃物になるのです。

好かれる
文章を書く
ために

45

他人の発言を、書かない。

46

固有名詞を書く時は、本人に送れるかどうかを考える。

本の中に固有名詞を出す時は、とにかく注意が必要です。

私は自分の本の中に固有名詞を出したら「本の中でご紹介させていただきました」と、その人に本を送ることにしています。

お礼ではありません。

送ると決めているから、その人が読んでイヤな気持ちにならないように書き方を直します。

自分への戒めとして、必ず送るのです。

知り合いの人には事後報告の場合もあります。

「すみません、事後報告になりましたが」と、許してもらえることを前提に書いています。

ブログでも固有名詞を入れる時は、その人に書いたものを送れるかどうかを考えると、相手が傷つくようなことは書かなくなるのです。

了解なしに個人が特定できる情報は入れないのがマナーです。

悪意のある文章の書き方をする人は、遠回しに誰だかわかるような紹介をします。

遠回しに紹介する人は、「固有名詞は書いていません」と言います。

ねたみ、そねみを持っている人は、同業者や、自分がねたんでいる相手について、わざと遠回しの表現を使います。

それでは、自分自身が売れなくなるのです。

好かれる
文章を書く
ために

46

誰だかわかる時も、本人が読むことを想定しよう。

47
「なぜそうなったか」より、「どうしたら解決するか」を書く。

メール時代になって、以前は対面でしていた相談をメールで行う人が増えています。
アドバイスは対面よりメールの方が難しいです。
ニュアンスがわからないからです。
「身の上相談」と「アドバイス」とでは決定的な違いがあります。
アドバイスは、解決策を言うことです。
身の上相談にのる場合は、なぜそうなったかという話にいきます。
アドバイスが前へ向かうのに対して、身の上相談は後ろへ向かうのです。
身の上相談にのるのが好きな人は、人の悩みごとでごはんがおかわりできます。

解決は望んでいません。

解決するとおかわりできなくてつまらないからです。

それほど三度のごはんより、人の悩みごとが好きなのです。

その話をいくらしても、前へ進みません。

たとえば、「離婚しました」と言われました。

その時に、

「次の相手を見つける方法を考えよう」

「しばらく1人で充実した独身生活を楽しむのもいいね。次の相手はもっと男を磨いて、いい相手を見つけよう」

と言うのがアドバイスです。

それに対して、身の上相談が好きな人は、「なんでそもそも離婚することになったの？」と、ごはんを用意して、ワクワクして聞きます。

「実は好きな人ができて」という話になると、大喜びです。

「何で知り合ったの？」「そもそも不倫は初めて？」と、離婚の解決策ではなく、後ろへ後ろへと戻る話にいきます。

悩んでいる時は、身の上相談にのるのが好きな人につかまらないことが大切です。

「なぜそうなったか」を詮索するのは感じ悪いです。

悩んでいる読み手を、自分のグダグダにつきあわせようとしているだけです。

これは、相談する側も相談される側もどちらもです。

「離婚することになりました」と書いた相手に対して、「離婚したい人が世の中にはたくさんいるんだからうらやましい。よし、前へ行こう」という展開にできるのが好かれる文章です。

「なんでそうなったの？」と、原因を聞く文章はいらないのです。

好かれる
文章を書く
ために

47

読み手に解決策を提示しよう。

48 いい人ほど、文章が横柄になる。

嫌われる文章を書く人は、悪い人ではありません。

もともと性格的に悪い人が嫌われるのなら仕方がありません。

実際は、いい人が嫌われる文章を書くのです。

いい人は、少々感じの悪い文章が来ても怒らないからです。

そのため、自分も書いてしまうのです。

私は感じの悪い文章が来ると、「この書き方は、ないだろう」と、イラッとします。

「私の一存では決められないので」と書いてあると、その言葉に対してカチンと来ます。

だからこそ私自身は書かないのです。

少々感じの悪い文章でも平気な人は、平気で相手に同じような文章を返します。

たとえば、人となりを知っている人から、冷たくて角のあるメールが来ると、「会うといつも感じのいい人が、なんでこんな感じの悪いぶっきらぼうな文章を書けるんだろう」と不思議に思います。

怒りっぽい人は、文章が凄く優しくなります。

自分が文章に対して怒るから、優しい文章を書けるのです。

どちらがいいかです。

お互いぶっきらぼうでラクをしている人は、チャンスを逃します。

人間はいいのに、文章で「あの人とはかかわりあうのはやめよう」となるからです。

人間が出会う時は、必ず出会う前に文章が先行して接触します。

会ってから文章が生まれるのではなく、文章が先にあって出会いが生まれるのです。

文章で損をする人は、新たな出会いが生まれません。

人との出会いは、直接会った時ではなく、文章が第一印象になるのです。

書き方で損をしないことで、出会いのチャンスを生み出すのです。

好かれる文章を書くために

48

読み手より、傷つきやすい人になろう。

文章で、怒らない。

49

口頭でのケンカはいいですが、文章でのケンカはＮＧです。
対面では、いくらでもクッションをつくれます。
仲直りのための手を打ったり、ニュアンスをつくったりできます。
文章でケンカをすると、修復不能になります。
場をやわらげられない上、相手のリアクションを見られません。
自分は軽く言ったつもりでも、相手はもっと強い言葉に感じるのです。
そこで修復のチャンスを逃します。
時には、違う意見を口頭でぶつけ合うことも必要です。

好かれる文章を書くために

49

文字で、ケンカしない。

ケンカは、仲直りできることを前提にしないと決裂してしまいます。

より仲よくなるためにするのがケンカです。

文章のケンカは、ダメージが大きすぎます。

相手からの憎しみだけが残ってしまいます。

その後の書き手自身の人生においてもプラスは何もなく、恨みだけが残ります。

マイナスしかないということです。

相手がただ離れていくのはまだいいのです。

それなら恨みは残りません。

文字でケンカしたことは恨みが残るのです。

ケンカをする時は、文字ではなく対面ですることが大切なのです。

50

絵文字で、逃げない。

文章がどうしてもLINE化していきます。

究極は、スタンプなどの絵文字化です。

言葉がなくなるのです。

スタンプが返ってくると、返事のしようがありません。

会話のキャッチボールができなくなるのが、損をする文章です。

書く側は、たとえ1行の文章でもエネルギーがいります。

そのエネルギーを使って相手に送った文章に対して、スタンプで返されると、送った労力を無にされた感があります。

文章で送られているものに対しては、文章で返すことです。

本人の中では今の気分にジャストなスタンプで返していても、相手から次の返事は来ません。

スタンプだけで返すのは、コミュニケーションの終了です。

コミュニケーションの終了は、スタンプ以外でもあります。

それは、「ありがとうございました」です。

「ありがとうございました」と来ると、もう返事のしようがないのです。

「ありがとうございました」は、大切な言葉です。

一方で、コミュニケーションの終了という意味で、「ありがとうございました」は最も冷たい言葉なのです。

会話の取っかかりがここで終わってしまいます。

メールは延々続くものではなく、1本ずつ送って終わりです。

用件がひと通り済んだ時に「ありがとうございました」と送ります。

「ありがとうございました」は、そういう時に使う言葉です。

「ありがとうございました」を頻繁に使っている人は、これまで多くのチャンスを逃していきます。

お礼を言う時は、「ありがとうございました」を使わないで済むボキャブラリーを増やす必要があります。

なんでも「ありがとうございました」で逃げる人は、「かわいい」「ヤバイ」というスタンプで逃げているのと同じです。

「ありがとうございました」は便利な言葉ですが、「グッバイ」と同じ意味です。

「ありがとうございました」を言い換える言葉は無限にあります。

その労力の節約が「ありがとうございました」です。

あらゆる文章は、「ありがとうございます」と「あなたのことが好きです」を言い換えている文章なのです。

「ありがとうございました」をいかに言わないかで、文章力がつくのです。

私は、読者に対して「本を読んでいただいてありがとうございました」とは、ひと言も書きません。

編集者に対しても、「ありがとうございました」とは書きません。

好かれる人の書く文章は、「ありがとうございました」を別の文言に置きかえているのです。

好かれる文章を書くために

50

言葉で、表現しよう。

51
不快なメールを指摘はされない。ただ、返事が来ないだけ。

メールで嫌われる人は、「自分は嫌われるようなことは特にしていない」と思っています。

だから直らないのです。

誰も「あなたのメールはここが感じ悪いから、やめた方がいい」という指摘はしてくれません。

ただ返事が来ないだけです。

本人は、返事が来ないことを「相手は忙しい」と感じます。

「冷たいな」と解釈します。

「冷たいな」と解釈するのは、「間違ったことをしていれば、直してくれるはず」という思い込みがあるからです。

それは小学生の感覚です。

大人の社会では、そんなヒマはありません。

その人とかかわり合いを持つのをやめるだけです。

炎上になるのは、反撃が返ってくるだけ、まだマシです。

もっと怖いのは、黙って切り捨てられることです。

自分でも「これはイヤだな」と思うことがあれば、それを自分もしているということがわかります。

嫌われる文章を書く人は、甘えているのです。

「間違ったことをしたら人から直してもらえるはず。直されない時は正しいことをしているはず」というのは、人間関係の解釈の間違いです。

嫌われる文章を書く人は、人間関係のとり方から間違っています。

人間関係においては赤ちゃんです。

文章力の前に、まずは人間関係力を鍛えることなのです。

好かれる文章を書くために

51

不快メールを書いていることに、気づこう。

52

自分の書いたもので、読み手が不快になるという想像力を持つ。

好かれるか嫌われるかは、文章力の差ではなく、想像力の差です。

想像力には2種類あります。

①「自分の書いたもので、世の中に誰か1人でも不快な気持ちになる人がいるのではないか」ということを想像する力

②「自分が書いた文章のせいで、自分がチャンスを失ったり、仕事をなくしたり、嫌われたりするのではないか」ということを想像する力

「相手のデメリットを想像する力」と「自分のデメリットを想像する力」の2つが欠落している人が、嫌われる文章を書くのです。

電車の中で痴漢をする人は、欲望が強いからではありません。欲望は、みんなあります。

痴漢をする人にないものは、想像力です。

痴漢をされている人がどんなにイヤな思いをしているか、想像できないのです。

もう1つは、痴漢がバレたら地位も名誉も失うという、誰でもわかることが想像できないのです。

ネット社会は、匿名社会です。

匿名で嫌がらせメールを送る人は、「どうせ名前がわからないからいいだろう」と思っています。

ところが、今は10日で弁護士さんから「あなたはこういうメールを送りましたね。損害賠償を訴えます」という訴状が来ます。

すべてのメールには住所があります。

法律上は、弁護士さんが届けを出せばアドレスを調べることができるのです。

本人は、匿名メールが一発でバレるとは思ってもいませんでした。
これが想像力のなさです。
そういう人は、訴えられると、「すみませんでした」と平謝りします。
おとなしいのです。
開き直る人はいません。
嫌がらせメールを送る人は悪い人ではなく、まじめな人が多いのです。
普通の人が、バレないと思ってうさ晴らしでしているのです。
原因は知識のなさです。
ＩＰアドレスは住所と同じで公開されているものなのです。

好かれる文章を書くために

52

自分の書いたもので、自分が嫌われる想像力を持とう。

53

文章には、書き手の優しさも、冷たさも出る。

文章には人柄が出ます。
その人の優しさも冷たさも出ます。
「いい人だけど、冷たい部分がある」と感じる文章もあります。
本人は、いい人だから気づかないのです。
「いい人」イコール「冷たくない」ではありません。
いい人か悪い人かではなくて、優しいか冷たいかという基準を持つことです。

「どうしたら優しくなれるんですか」と聞く人には、私は「文章で失敗をたくさんすることです」とアドバイスします。

「これはあんた冷たいよ」と怒られたり、クレームをもらいながら「そうか、これはいけないのか」と、踏み込んでいくことが大切です。

「みたいな」を使って手前のところでとどまっていると、踏み込んで失敗ができません。

失敗を恐れないことです。

文章を書いて、叱られたり、離れられて、「今後気をつけよう」「悪意はなかったのに、こんなことで傷つけることがあるんだな」ということを体験しながら優しくなっていけるのです。

無意識に誰かに好かれるということはマナーの問題です。

コピーライターは、本質的には優しく書きます。

糸井重里さんの「がんばった人には、NCAA。がんばれなかった人にも、NCA

A。」というスポーツドリンクの有名なコピーがあります。

今はNCAAというスポーツドリンクはありません。

たいていの人は、このコピーを頭の中で「がんばった人にも、がんばらなかった人にも」と覚えています。

本当は違うのです。

「がんばらなかった人」ではありません。

正しくは、「がんばれなかった人」です。

文章は言霊です。

無意識に、心で文章を読んでいるのです。

文章は、心がすべてさらけ出されます。

優しい人は、優しい文章を書きます。

優しい文章を書くことで、優しくなることもできます。

文章に気をつけるのは、書き手として好かれるかどうかだけの問題ではありません。

心を成長させて行く手段として文章があるのです。

人間は、文章を通して優しくなることができるのです。

好かれる文章を書くために

53

失敗しながら、優しくなろう。

『一流のお金の生み出し方』
『一流の思考の作り方』

【秀和システム】

『人とは違う生き方をしよう。』
『なぜ あの人はいつも若いのか。』
『楽しく食べる人は、一流になる。』
『一流の人は、〇〇しない。』
『ホテルで朝食を食べる人は、うまくいく。』
『なぜいい女は「大人の男」とつきあうのか。』
『服を変えると、人生が変わる。』

【日本実業出版社】

『出会いに恵まれる女性がしている６３のこと』
『凛とした女性がしている６３のこと』
『一流の人が言わない５０のこと』
『一流の男　一流の風格』

【主婦の友社】

『輝く女性に贈る中谷彰宏の運がよくなる言葉』
『輝く女性に贈る　中谷彰宏の魔法の言葉』

【水王舎】

『なぜあの人は「教養」があるのか。』
『「人脈」を「お金」にかえる勉強』
『「学び」を「お金」にかえる勉強』

【毎日新聞出版】

『あなたのまわりに「いいこと」が起きる70の言葉』
『なぜあの人は心が折れないのか』

【大和出版】

『「しつこい女」になろう。』
『「ずうずうしい女」になろう。』
『「欲張りな女」になろう。』
『一流の準備力』

【すばる舎リンケージ】

『好かれる人が無意識にしている言葉の選び方』
『好かれる人が無意識にしている気の使い方』

【ベストセラーズ】

『一歩踏み出す５つの考え方』
『一流の人のさりげない気づかい』

【現代書林】

『チャンスは「ムダなこと」から生まれる。』
『お金の不安がなくなる60の方法』
『なぜあの人には「大人の色気」があるのか』
『1秒で刺さる書き方』(ユサブル)
『昨日より強い自分を引き出す61の方法』(海竜社)
『状況は、自分が思うほど悪くない。』(リンデン舎)
『一流のストレス』(海竜社)
『成功する人は、教わり方が違う。』(河出書房新社)
『名前を聞く前に、キスをしよう。』(ミライカナイブックス)
『なぜかモテる人がしている４２のこと』(イースト・プレス　文庫ぎんが堂)
『人は誰でも講師になれる』(日本経済新聞出版社)
『会社で自由に生きる法』(日本経済新聞出版社)
『全力で、1ミリ進もう。』(文芸社文庫)
『「気がきくね」と言われる人のシンプルな法則』(総合法令出版)
『なぜあの人は強いのか』(講談社+α文庫)
『大人になってからもう一度受けたい コミュニケーションの授業』(アクセス・パブリッシング)
『運とチャンスは「アウェイ」にある』(ファーストプレス)
『大人の教科書』(きこ書房)
『モテるオヤジの作法２』(ぜんにち出版)
『かわいげのある女』(ぜんにち出版)
『壁に当たるのは気モチイイ　人生もエッチも』(サンクチュアリ出版)
書画集『会う人みんな神さま』(ＤＨＣ)
ポストカード『会う人みんな神さま』(ＤＨＣ)
『サクセス＆ハッピーになる５０の方法』(阪急コミュニケーションズ)

〈面接の達人(ダイヤモンド社)〉

『面接の達人　バイブル版』

『メンタルが強くなる60のルーティン』
『なぜランチタイムに本を読む人は、成功するのか。』
『中学時代にガンバれる40の言葉』
『中学時代がハッピーになる30のこと』
『14歳からの人生哲学』
『受験生すぐにできる50のこと』
『高校受験すぐにできる40のこと』
『ほんのささいなことに、恋の幸せがある。』
『高校時代にしておく50のこと』
『中学時代にしておく50のこと』

【PHP文庫】

『もう一度会いたくなる人の話し方』
『お金持ちは、お札の向きがそろっている。』
『たった3分で愛される人になる』
『自分で考える人が成功する』

【だいわ文庫】

『いい女のしぐさ』
『美人は、片づけから。』
『いい女の話し方』
『「つらいな」と思ったとき読む本』
『27歳からのいい女養成講座』
『なぜか「HAPPY」な女性の習慣』
『なぜか「美人」に見える女性の習慣』
『いい女の教科書』
『いい女恋愛塾』
『やさしいだけの男と、別れよう。』
『「女を楽しませる」ことが男の最高の仕事。』
『いい女練習帳』
『男は女で修行する。』

【学研プラス】

『美人力』(ハンディ版)
『嫌いな自分は、捨てなくていい。』

【あさ出版】

『孤独が人生を豊かにする』
『「いつまでもクヨクヨしたくない」とき読む本』
『「イライラしてるな」と思ったとき読む本』

【きずな出版】

『しがみつかない大人になる63の方法』
『「理不尽」が多い人ほど、強くなる。』
『グズグズしない人の61の習慣』
『イライラしない人の63の習慣』
『悩まない人の63の習慣』
『いい女は「涙を背に流し、微笑みを抱く男」とつきあう。』
『ファーストクラスに乗る人の自己投資』
『いい女は「紳士」とつきあう。』
『ファーストクラスに乗る人の発想』
『いい女は「言いなりになりたい男」とつきあう。』
『ファーストクラスに乗る人の人間関係』
『いい女は「変身させてくれる男」とつきあう。』
『ファーストクラスに乗る人の人脈』
『ファーストクラスに乗る人のお金２』
『ファーストクラスに乗る人の仕事』
『ファーストクラスに乗る人の教育』
『ファーストクラスに乗る人の勉強』
『ファーストクラスに乗る人のお金』
『ファーストクラスに乗る人のノート』
『ギリギリセーーフ』

【ぱる出版】

『粋な人、野暮な人。』
『品のある稼ぎ方・使い方』
『察する人、間の悪い人。』
『選ばれる人、選ばれない人。』
『一流のウソは、人を幸せにする。』
『セクシーな男、男前な女。』
『運のある人、運のない人』
『器の大きい人、器の小さい人』
『品のある人、品のない人』

【リベラル社】

『50代がもっともっと楽しくなる方法』
『40代がもっと楽しくなる方法』
『30代が楽しくなる方法』
『チャンスをつかむ 超会話術』
『自分を変える 超時間術』
『一流の話し方』

【PHP文庫】

『入社3年目までに勝負がつく77の法則』

【オータパブリケイションズ】

『レストラン王になろう2』
『改革王になろう』
『サービス王になろう2』

【あさ出版】

『気まずくならない雑談力』
『なぜあの人は会話がつづくのか』

【学研プラス】

『頑張らない人は、うまくいく。』
文庫『見た目を磨く人は、うまくいく。』
『セクシーな人は、うまくいく。』
文庫『片づけられる人は、うまくいく。』
『なぜ あの人は2時間早く帰れるのか』
『チャンスをつかむプレゼン塾』
文庫『怒らない人は、うまくいく。』
『迷わない人は、うまくいく。』
文庫『すぐやる人は、うまくいく。』
『シンプルな人は、うまくいく。』
『見た目を磨く人は、うまくいく。』
『会話力のある人は、うまくいく。』
『ブレない人は、うまくいく。』

【リベラル社】

『モチベーションの強化書』
『問題解決のコツ』
『リーダーの技術』
『速いミスは、許される。』(リンデン舎)
『歩くスピードを上げると、頭の回転は速くなる。』(大和出版)
『結果を出す人の話し方』(水王舎)
『一流のナンバー2』(毎日新聞出版)
『なぜ、あの人は「本番」に強いのか』(ぱる出版)
『「お金持ち」の時間術』(二見書房・二見レインボー文庫)
『仕事は、最高に楽しい。』(第三文明社)
『「反射力」早く失敗してうまくいく人の習慣』(日本経済新聞出版社)
『伝説のホストに学ぶ82の成功法則』(総合法令出版)
『リーダーの条件』(ぜんにち出版)
『転職先はわたしの会社』(サンクチュアリ出版)
『あと「ひとこと」の英会話』(DHC)

〈恋愛論・人生論〉

【ダイヤモンド社】

『なぜあの人は感情的にならないのか』
なぜあの人は感情的にならないのか』
『なぜあの人は逆境に強いのか』
『25歳までにしなければならない59のこと』
『大人のマナー』
『あなたが「あなた」を超えるとき』
『中谷彰宏金言集』
『「キレない力」を作る50の方法』
『30代で出会わなければならない50人』
『20代で出会わなければならない50人』
『あせらず、止まらず、退かず。』
『明日がワクワクする50の方法』
『なぜあの人は10歳若く見えるのか』
『成功体質になる50の方法』
『運のいい人に好かれる50の方法』
『本番力を高める57の方法』
『運が開ける勉強法』
『ラスト3分に強くなる50の方法』
『答えは、自分の中にある。』
『思い出した夢は、実現する。』
『面白くなければカッコよくない』
『たった一言で生まれ変わる』
『スピード自己実現』
『スピード開運術』
『20代自分らしく生きる45の方法』
『大人になる前にしなければならない50のこと』
『会社で教えてくれない50のこと』
『大学時代しなければならない50のこと』
『あなたに起こることはすべて正しい』

【PHP研究所】

『なぜあの人は、しなやかで強いのか』

中谷彰宏　主な著作一覧

〈ビジネス〉

【ダイヤモンド社】

『50代でしなければならない55のこと』
『なぜあの人の話は楽しいのか』
『なぜあの人はすぐやるのか』
『なぜあの人の話に納得してしまうのか[新版]』
『なぜあの人は勉強が続くのか』
『なぜあの人は仕事ができるのか』
『なぜあの人は整理がうまいのか』
『なぜあの人はいつもやる気があるのか』
『なぜあのリーダーに人はついていくのか』
『なぜあの人は人前で話すのがうまいのか』
『プラス１％の企画力』
『こんな上司に叱られたい。』
『フォローの達人』
『女性に尊敬されるリーダーが、成功する。』
『就活時代しなければならない50のこと』
『お客様を育てるサービス』
『あの人の下なら、「やる気」が出る。』
『なくてはならない人になる』
『人のために何ができるか』
『キャパのある人が、成功する。』
『時間をプレゼントする人が、成功する。』
『ターニングポイントに立つ君に』
『空気を読める人が、成功する。』
『整理力を高める50の方法』
『迷いを断ち切る50の方法』
『初対面で好かれる60の話し方』
『運が開ける接客術』
『バランス力のある人が、成功する。』
『逆転力を高める50の方法』
『最初の３年その他大勢から抜け出す50の方法』
『ドタン場に強くなる50の方法』
『アイデアが止まらなくなる50の方法』
『メンタル力で逆転する50の方法』
『自分力を高めるヒント』
『なぜあの人はストレスに強いのか』
『スピード問題解決』
『スピード危機管理』
『一流の勉強術』
『スピード意識改革』
『お客様のファンになろう』
『なぜあの人は問題解決がうまいのか』
『しびれるサービス』
『大人のスピード説得術』
『お客様に学ぶサービス勉強法』
『大人のスピード仕事術』
『スピード人脈術』
『スピードサービス』
『スピード成功の方程式』
『スピードリーダーシップ』
『出会いにひとつのムダもない』
『お客様がお客様を連れて来る』
『お客様にしなければならない50のこと』
『30代でしなければならない50のこと』
『20代でしなければならない50のこと』
『なぜあの人は気がきくのか』
『なぜあの人はお客さんに好かれるのか』
『なぜあの人は時間を創り出せるのか』
『なぜあの人は運が強いのか』
『なぜあの人はプレッシャーに強いのか』

【ファーストプレス】

『「超一流」の会話術』
『「超一流」の分析力』
『「超一流」の構想術』
『「超一流」の整理術』
『「超一流」の時間術』
『「超一流」の行動術』
『「超一流」の勉強法』
『「超一流」の仕事術』

【PHP研究所】

『もう一度会いたくなる人の聞く力』
『【図解】仕事ができる人の時間の使い方』
『仕事の極め方』
『【図解】「できる人」のスピード整理術』
『【図解】「できる人」の時間活用ノート』

本の感想など、どんなことでも、
あなたからのお手紙をお待ちしています。
僕は、本気で読みます。

中谷彰宏

〒170-0013　東京都豊島区東池袋3-9-7　東池袋織本ビル1階
すばる舎リンケージ気付　中谷彰宏行

※食品、現金、切手などの同封は、ご遠慮ください（編集部）

中谷彰宏は、盲導犬育成事業に賛同し、この本の印税の
一部を（公財）日本盲導犬協会に寄付しています。

〈著者紹介〉

中谷彰宏（なかたに・あきひろ）

1959年、大阪府生まれ。早稲田大学第一文学部演劇科卒業。84年、博報堂に入社。CMプランナーとして、テレビ、ラジオCMの企画、演出をする。91年、独立し、株式会社中谷彰宏事務所を設立。ビジネス書から恋愛エッセイ、小説まで、多岐にわたるジャンルで、数多くのロングセラー、ベストセラーを送り出す。「中谷塾」を主宰し、全国でセミナー・ワークショップ活動を展開。

［公式サイト］https://an-web.com/

好かれる人が無意識にしている文章の書き方

誰でもできて、すぐ効果が出る53のポイント

2019年1月17日　　第1刷発行

著　者――――中谷彰宏

発行者――――八谷智範

発行所――株式会社すばる舎リンケージ

〒170-0013　東京都豊島区東池袋3-9-7　東池袋織本ビル1階

TEL 03-6907-7827　　FAX 03-6907-7877

URL http://www.subarusya-linkage.jp/

発売元――株式会社すばる舎

〒170-0013　東京都豊島区東池袋3-9-7　東池袋織本ビル

TEL 03-3981-8651（代表）

03-3981-0767（営業部直通）

振替 00140-7-116563

URL http://www.subarusya.jp/

印　刷――ベクトル印刷株式会社

落丁・乱丁本はお取り替えいたします

ISBN978-4-7991-0780-5